全国职业院校智能网联汽车新形态工作手册式教材
全国技工院校智能网联汽车工学一体化教材

汽车智能传感器装调与测试习题册

主　编　陈松宏

中国劳动社会保障出版社

简介

本书是全国职业院校智能网联汽车新形态工作手册式教材 / 全国技工院校智能网联汽车工学一体化教材《汽车智能传感器装调与测试》的配套用书。习题册内容紧扣教材的教学要求，注重基础知识的巩固和基本能力的培养，知识点分布均衡，题型丰富，难易适当，有助于学生复习巩固所学知识。

本书由陈松宏主编，张井昱参与编写。

图书在版编目（CIP）数据

汽车智能传感器装调与测试习题册 / 陈松宏主编 . 北京：中国劳动社会保障出版社，2024. --（全国职业院校智能网联汽车新形态工作手册式教材）（全国技工院校智能网联汽车工学一体化教材）. -- ISBN 978-7-5167-6592-0

Ⅰ. U463.67-44

中国国家版本馆 CIP 数据核字第 20244ZE641 号

中国劳动社会保障出版社出版发行

（北京市惠新东街 1 号　邮政编码：100029）

*

北京鑫海金澳胶印有限公司印刷装订　　新华书店经销

787 毫米 ×1092 毫米　16 开本　4.75 印张　75 千字

2024 年 7 月第 1 版　　2024 年 7 月第 1 次印刷

定价：12.00 元

营销中心电话：400-606-6496

出版社网址：http://www.class.com.cn

http://jg.class.com.cn

Contents 目录

情境一
视觉传感器装调与测试

任务一　前视摄像头安装与调试

一、填空题

1. 车用视觉传感器根据用途不同可分为____________、____________、____________和____________四种类型。

2. 用于车辆夜间行车安全的夜视摄像头采用____________技术，可以在夜间清晰地识别车辆周围的物体。

3. 智能传感器是具有与____________双向通信手段，用于发送测量、状态信息，______和______外部命令的传感器。

4. 在先进的智能网联汽车中，前视摄像头主要具有____________、____________和基于视觉的导航定位三个功能。

5. 前视摄像头根据镜头数量可分为____________、____________和三目摄像头三种。

6. 工业相机具有____________、____________、____________等特点。

二、选择题

1. 前视摄像头安装在前风窗玻璃后方，主要用于车辆前方的车外环境感知，通常在（　　）功能中运用。

①车道保持辅助　　②自动紧急制动　　③全景泊车

A. ①②　　B. ①③　　C. ②③　　D. ①②③

2. 在具有全景泊车功能的车辆中，采用（　　）视觉传感器获取影像和图像，输出车辆周边全景图，并实现安全泊车。

A. 前视摄像头　　B. 环视摄像头　　C. 后视摄像头　　D. 以上选项都对

3. 泊车时，（　　）将车尾的影像显示在驾驶舱内，预测并标记倒车轨迹，辅助驾驶员泊车。

A. 前视摄像头　　B. 后视摄像头　　C. 环视摄像头　　D. 以上选项都不对

4. 在具有疲劳驾驶监测功能的车辆中，（　　）摄像头用于监测驾驶员是否疲劳、闭眼等信息，对驾驶员注意力分散或打盹行为进行提醒。

A. 车内　　B. 前视　　C. 环视　　D. 后视

5. 前视摄像头被称为（　　）。

①多功能摄像头　　②安全摄像头　　③智能前视摄像头

A. ①②　　B. ①③　　C. ②③　　D. ①②③

三、判断题

1. 视觉传感器在智能网联汽车上主要用于车辆先进驾驶辅助系统（ADAS）及自动驾驶系统的车外环境感知、驾驶员视野扩展与座舱内驾驶员状态监测三个方面。（　　）

2. 在自动紧急制动时，前视摄像头持续测量本车与前车之间的距离，当检测到与前车距离过近，存在追尾事故风险时，系统报警并进行紧急制动。（　　）

3. 在新一代汽车技术中，电子后视镜用外置摄像头替代传统反光后视镜，使后视镜成像范围变大，从而使驾驶员不再有盲区。（　　）

4. 前视摄像头是车辆前向行驶中利用视觉探测的方式感知车辆前方物体和道路环境的车用视觉传感器。（　　）

5. 工业相机是仅用于自动驾驶汽车、智能交通、工业检测等领域的高分辨率彩色数字视觉传感器。（　　）

四、简答题

1. 简述车用视觉传感器的定义。

2. 简述智能网联汽车中前视摄像头的功能。

3. 简述车规级前视摄像头的安装步骤和装配注意事项。

4. 工业相机的安装主要分为哪几个步骤?

任务二　视觉传感器标定

一、填空题

1. 视觉传感器由________、________、__________和________等部分组成。

2. __________是车载视觉传感器中最复杂的部件。

3. 在视觉传感器中，镜头模组与图像传感器为__________部分，图像信号处理器与传感器集成电路为__________部分。

4. 视觉传感器有________________和______________________两种类型。

5. 相机的触发模式分为________和________两种，其中________包含________、________两种模式;________包含________、________两种模式。

6. 根据工作方式不同，智能网联汽车视觉传感器标定分为________和________两类。

7. 视觉传感器的曝光设置可以选择______或______。

二、选择题

1. 视觉感知系统是以相机为核心的环境感知系统，其技术参数主要包括（　　）。

①色彩　②传感器类型　③分辨率　④帧率　⑤光学尺寸（靶面尺寸）⑥像元尺寸

A. ①③⑤⑥　B. ①②③④　C. ①③④⑤⑥　D. ①②③④⑤⑥

2.（　　）传感器具有结构简单、噪声小、灵敏度高等优点。

A. CCD　B. CMOS　C. CKP　D. CPS

3. 感光耦合器件（CCD）传感器诞生于（　　）。

A. 20 世纪 50 年代　B. 20 世纪 60 年代

C. 20 世纪 70 年代　D. 21 世纪后

4.（　　）决定了数字影像的分辨率和信息量。

A. 传感器类型　B. 帧率　C. 光学尺寸　D. 像元尺寸

5. 相机曝光时间越（　　），摄像机采图越（　　）、延迟越（　　）、成像越（　　）。

A. 长　慢　低　亮　B. 短　快　低　暗

C. 长　慢　高　亮　D. 短　快　高　亮

6. 工业相机通常包含一个对传感器信号进行放大的视频放大器，其放大倍数被称为（　　）。

A. 增益　B. 曝光　C. 成像　D. 帧率

三、判断题

1. 帧率是指相机采集传输图像的速率，即每秒采集或曝光的帧数，单位为 fps。（　　）

2. 常用工业相机的像素值为 130 万、200 万、500 万等，分辨率越高，相机成像越清晰。（　　）

3. 图像信号处理器在进行图像处理时，不可以水平、垂直翻转图像和更改成像颜色。（ ）

4. ADAS 通过多个传感器协同工作来感知环境，即需要通过传感器融合进行工作，因此不必将多个传感器测量结果转换到统一的时空坐标系中。（ ）

5. 靶面越大则传感器通光量越好，靶面越小则比较容易获得更大的景深。（ ）

6. 摄像头的标定工作是根据内部参数和外部参数的校准与软件补偿的过程。（ ）

四、简答题

1. 简述传感器标定的概念。

2. 简述图像传感器的作用和成像原理。

3. 简述视觉传感器的标定参数和用途。

4. 简述需要对传感器进行标定的原因。

任务三　前视摄像头目标识别测试

一、填空题

1. 视觉传感器成像的基本理想模型是________。

2. 视觉传感器主要用于感知________、________、________和________四类信息。

3. 道路几何形状主要包含______________、______________和________________________等几何信息。

4. 图像采集主要通过__________采集图像。

5. 通过视觉传感器______________是实现车道偏离预警和车道保持辅助功能的前提。

6. 道路上不仅本车在行驶，周围的其他车辆、人行横道上的行人都属于________________________。

7. 为实现路面边缘等信息的可靠感知，视觉传感器的环境感知方式分为________与_______两种。

二、选择题

1. 视觉传感器车道识别的流程一般包括（　　）。

①道路图像采集　　②图像预处理（灰度化、压缩、增强、分割）

③图像特征提取（边缘检测）　　④车道线拟合（霍夫变换）　　⑤图像混合

A. ①②③⑤　　B. ①③④⑤

C. ①②③④　　D. ①②③④⑤

2. 数字图像由（　　）构成。

A. 摄像头　　B. 相机　　C. 像素　　D. 焦距

3. 道路语义信息是指交通环境中各种（　　）所包含的信息。

A. 路牌（箭头）标识　　B. 交通标志

C. 交通信号灯　　D. 以上选项都对

4.（　　）主要是指将视觉感知到的二维信息通过计算外观尺寸、景深、距离等量化信息转化为三维信息的过程。

A. 探测　　B. 测量　　C. 测试　　D. 调试

5. 视觉传感器采集的原始图像是彩色图像，即有（　　）的图像，直接对采集到的图像进行处理时需要对每个像素点的三种颜色分量信息进行处理，因此需要处理的

数据量很大。

①红色　②黄色　③蓝色　④橙色　⑤紫色　⑥绿色

A. ①③⑥　B. ②④⑤

C. ③⑤⑥　D. ④⑤⑥

6. 图像压缩技术可以（　　）描述图像的数据量，以节省图像传输、处理时间和减少所占用的存储器容量。

A. 增加　B. 减少　C. 增益　D. 减弱

三、判断题

1. 图像增强的目的是提高图像的质量，如去除噪声、提高图像的清晰度等，常采用的方式是高斯滤波。（　　）

2. YOLO（you only look once）神经网络训练包含数据采集、数据标注、神经网络配置和测试 4 个步骤。（　　）

3. 当智能网联汽车开启 ADAS 功能或进行更高级别的自动驾驶时，前视摄像头等视觉传感器不断地感知道路环境信息。（　　）

4. 交通信号灯为红灯时，其语义为“停车禁行”。（　　）

5. 图像分割就是把图像分成若干个特定的、具有独特性质的区域并提出感兴趣目标的技术和过程，它是图像处理和图像分析的唯一步骤。（　　）

6. 在自动驾驶技术相对不够成熟的阶段，智能网联汽车会错误地仅根据颜色和形状，将高速公路上随风飘动的白色塑料袋识别为前方白色货箱的卡车尾部，导致系统迅速控制车辆进行完全没有必要且非常危险的紧急制动。（　　）

7. 路面边缘规定了机动车可以行驶区域的界限，是车辆必须严格遵守的行驶边界，与车辆自动驾驶系统最高级别的安全优先级密切相关，允许车辆驶跨过路面边缘驶出行驶区域。（　　）

8. 目前，基于探测与测量两种感知方式，多种视觉感知技术广泛应用于智能网联汽车上。（　　）

四、简答题

1. 简述 YOLO 目标检测算法。

2. 简述视觉环境感知的目标对象。

3. 简述视觉传感器车道识别的流程。

任务四　全景影像系统装调与影像拼接

一、填空题

1. ______________________是通过环视视觉传感器实现的一项汽车安全配置。

2. 全景影像系统由4个鱼眼摄像头和__________________________组成，4个鱼眼摄像头分别位于__________________、__________________、__________________或__________________位置。

3. 全景影像图像控制单元使用车辆________供电，控制单元不仅给4个鱼眼摄像头提供电源，同时还可对4个摄像头下发信号或收集摄像头采集的图像数据进行________和________。

4. 全景影像系统的标定需要在车身周围摆放______________________。

5. 全景影像图像控制单元需要与____________________及____________进行信号传输。

6. 摄像头与控制单元之间的线束采用抗干扰能力较强的__________或__________，以确保视频信号传输的稳定性和准确性。

二、选择题

1.（　　）不属于全景影像系统，全景影像图像控制单元可以将矫正、拼接好的图像传输至中控屏，以辅助驾驶员安全驾驶。

A. 中控屏　　B. 前摄像头　　C. 后摄像头　　D. 左、右摄像头

2. 下列回路名称中的（　　）是前摄像头的视频信号。

A. BCS　　B. FCS　　C. RCS　　D. LCS

3. 为了满足全景影像摄像头拍摄的画面可拼接、有参考物、视野范围合理等技术要求，4个鱼眼摄像头需要满足相应的布置要求，前摄像头的视野盲区布置要求为

（　　）cm。

A. 小于 10　　B. 大于 10　　C. 小于 30　　D. 大于 30

4. 下列回路名称中的（　　）是视频的输出信号。

A. CVBS　　B. SGND　　C. BCP　　D. OUT

5. 为了尽量（　　）视频信号传输过程中的干扰，需要尽可能地（　　）全景影像图像控制单元与中控屏之间的线束，所以一般将全景影像图像控制单元布置在仪表板内且易散热的位置。

A. 减少　减短　　B. 增加　增长

C. 减少　增长　　D. 增加　减短

6. 视觉传感器线路铺设后应平顺，两端长度余量应适量，余量一般为（　　）cm。

A. 10 ~ 30　　B. 20 ~ 40　　C. 30 ~ 50　　D. 40 ~ 60

三、判断题

1. 标定场地的照明要求为不允许出现反光、阴影、亮度过高等现象，会影响图像识别算法的准确性，也可能无法识别全部的特征点，最终导致标定不准确或失败。（　　）

2. 全景影像系统的标定用来计算摄像头安装的位置和姿态，以获取车身周围真实世界坐标系上的点与图像坐标系上的点的映射关系，通过此映射关系对图像进行拼接。（　　）

3. 标定场地的尺寸要求为没有任何障碍物，确保标定布可以平整地铺设在车辆四周。（　　）

4. 驾驶员通过中控屏画面轻松观察到车辆所处位置以及车辆周围的情况，从容操控车辆泊车入位、避开障碍物、通过复杂路面，不再发生剐蹭、碰撞、陷落等事故。（　　）

5. 4 个鱼眼摄像头的标定方法与前视单目摄像头类似，对准摄像头，前后慢慢移动标定板，直至“CALIBRATE”（标定）标识亮起，就可以单击“SAVE”（保存）按钮保

存标定结果。（　）

6. 全景影像图像控制单元一般要求安装在用户可见且方便走线的位置。（　）

四、简答题

1. 简述全景影像系统的定义。

2. 简述全景影像系统标定的目的和环境要求。

3. 将全景影像摄像头的具体布置要求填入表 1-4-1 中。

表 1-4-1　全景影像摄像头的具体布置要求

参数	前摄像头布置要求	后摄像头布置要求	左、右摄像头布置要求

4. 简述全景影像拼接的原理。

5. 简述全景影像系统标定与影像拼接的作业内容。

情境二
激光雷达装调与测试

任务五　激光雷达安装与调试

一、填空题

1. ________________是一种工作在光频波段的遥感传感器，它通过向目标发射光频波段的__________，根据接收到同波信号的反射时间与发射波发射时间的间隔获得目标的位置（距离、方位和高度）、运动状态（速度、姿态）等信息，以实现对目标的__________________。

2. 将激光雷达安装在________________位置主要是为了强化车辆对前方障碍物的探测能力。

3. 激光雷达可根据________________、信号形式、激光线束数量、______________和功能用途分为不同类型。

4. 在________________中，MEMS（micro electromechanical system）激光雷达应用较多，主要用于智能网联汽车局部方位的探测。

5. 在智能网联汽车上，多线激光雷达可以和其他传感器融合进行三维重建，对被测物体进行识别判断，完成无人驾驶中的________________。

6. 激光雷达根据 ADAS 功能需要有________________、________________和_________________三种类型。

二、选择题

1. 激光雷达通常安装在车辆顶部的中间，该位置最有利于激光无遮拦（　　）照射周围环境，这种应用方式的激光雷达数量一般为 1 ~ 2 个。

A. 360°　　B. 180°　　C. 90°　　D. 45°

2. 激光雷达安装在车身翼子板、车顶侧面、车身周边四角等位置一般为了车辆环境感知系统的边角盲区探测，俗称“(　　)”。

A. 补光　　B. 补雷　　C. 补盲　　D. 补测

3. 智能网联汽车常用的激光雷达主要为（　　）式激光雷达，MEMS 激光雷达也有部分配装车辆。

A. 单线机械　　B. 多线机械　　C. 单线液压　　D. 多线液压

4. 固态激光雷达主要由主动散热器模块和包含双面非球面镜片的光学结构元件组成，常见的固态激光雷达采用 905 nm 半导体激光器作光源，其测量距离可达（　　）m。

A. 100　　B. 150　　C. 200　　D. 250

5. 为获得尽量详细的点云图，激光雷达必须要快速地采集周围环境的数据。多线束激光雷达一般有 16 线激光雷达、32 线激光雷达和（　　）线激光雷达等。

A. 64　　B. 128　　C. 256　　D. 512

三、判断题

1. 激光雷达以激光为载波，以光电探测器为接收器件，以光学望远镜为天线，在一些场合常被简称为“光达”。（　　）

2. 单线机械式激光雷达的激光发射器呈竖直排列，从不同角度向外发射，实现垂直角度的覆盖，同时在高速旋转的电动机壳体带动下，实现水平角度 360° 的全覆盖。（　　）

3. 机械式激光雷达由于光学部分、电子部分和机械结构都是旋转工作的，因此对机械结构件的加工精度要求很高，另外机械式激光雷达属于偏心不对称转动，会造成器件磨损。（　　）

4. 激光雷达以光频波段电磁辐射的激光为载波，相对来说，波长比微波、毫米波

短很多。（　　）

5. 激光雷达的线束数越多，可扫描的平面越多，获取的信息越充足，雷达的探测能力越强。（　　）

6. 在使用激光雷达测量时，随着探测距离越远其精度越低，以某超广角激光雷达为例，生成点云数据的最近探测距离一般是 0.5 m，小于 0.5 m 时会有障碍物探测报警。（　　）

四、简答题

1. 简述激光雷达的特点。

2. 简述激光雷达的主要性能参数。

3. 简述激光雷达的安装方法与注意事项。

任务六　激光雷达标定

一、填空题

1. 激光雷达主要由激光发射器、激光接收器、________和________组成。

2. 旋转模块由角度调节电动机、旋转电动机、光学旋转编码器等组成。旋转模块可以使激光雷达以稳定的转速进行旋转，并可根据需要调节扫描镜角度，实现________对激光光束所在平面的扫描。

3. 激光雷达在自动驾驶领域可以建模形成三维立体图像，便于识别和测量目标位置。激光雷达建模可分为三种建模方式，分别是________、________和________的物理模型。

4. 激光的理论基础起源于物理学家________于 1917 年提出的“光与物质相互作用”技术理论。

5. 在组成物质的原子中，有不同数量的粒子（电子）分布在不同的能级上，在高能级上的粒子受到某种光子的激发，会从高能级跳（跃迁）到低能级上，这时将会辐射出与激发它的光相同性质的光，而且在某种状态下，能出现一个弱光激发出一个强光的现象，叫作“受激辐射的光放大”，简称________。

6. 激光雷达以________为信息载体，利用______、______、______等来搭载信息，并将__________提高到光频段，能够探测极微小的目标。

二、选择题

1. 激光发射器向车辆四周发射激光。激光雷达内部的激光器所发射的光束经过扫描镜反射后通过激光发射器射向外界。以脉冲方式点亮的激光每秒钟可发射（　　）次。

A. 60　　B. 600　　C. 6 000　　D. 16 000

2. 激光雷达的数据通过单位采样时间内，在同一空间参考系下表达目标空间分布和目标表面光谱特性的海量位置点集合形成（　　）来呈现。

A. 毫米波　　B. 厘米波　　C. 超声波　　D. 点云

3. 在激光雷达的功率衰减方程公式中，P_R 代表的含义是（　　）。

A. 接收激光功率　　B. 反射激光功率

C. 发射天线增益　　D. 目标散射截面

4. 激光雷达转速的国际标准单位为 rps（转 / 秒）或 rpm（转 / 分），1 200 rpm 的含义是当前激光雷达的电动机引擎转速是（　　）转 1 200 圈。

A. 每秒钟　　B. 每分钟　　C. 每小时　　D. 每天

5. 直接飞行时间简称（　　），其探测原理可描述为根据从激光发射器发射激光到接收器捕获目标物反射能量整个过程耗费的时间来确定激光雷达与目标物之间的距离。

A. ANBF　　B. DTOF　　C. NJKF　　D. NFCF

三、判断题

1. 激光接收器用于收集激光发射器所发射并经过外部交通参与物反射回来的激光。激光通过激光接收镜头组汇聚在扫描镜上，经过反射将激光汇聚到信号采集处理器中。（　　）

2. 信号采集处理器负责对接收回来的信号进行处理。信号采集处理器的性能优劣直接影响激光雷达的测量精度，其内部系统可以进行自动分析、计算出与前方车辆的距离和相对速度，并且可以防止转弯时错误测量临近车道车辆情况，从而避免事故。（　　）

3. 传感器在一定的探测条件下，用最大可探测距离来表示激光雷达可探测到物体的最远距离。激光接收器探测功率最大时，回波功率会出现在最小探测距离。（　　）

4. “虚警”是激光雷达检测不存在目标时仍然返回的信号，它的产生是由于大气分子或雨雪粒子等反射生成干扰光束，接收器混淆了目标物反射光束和天气的干扰光束，建立了错误的激光点云数据或噪点。（　　）

四、简答题

1. 简述激光雷达点云图的生成与探测原理。

2. 理想点云模型根据虚拟环境中的目标全局位置、主车全局位置、目标车的位置、激光雷达的视野角来输出目标的相对位置，分为 3 个关键部分。简述是哪 3 个关键部分，并分别解释说明。

3. 激光雷达的理想点云模型包括目标模型、光锥模型和环境模型，为了形成三维立体的激光画面，将激光雷达目标模型的求解分为 4 个步骤。简述这 4 个步骤，并分别解释说明。

任务七　激光雷达数据解析与点云聚类

一、填空题

1. ________________利用光的反射原理，根据从发射激光至接收反射激光的时间间隔，计算出雷达与被测物体的实际间距，利用简单的三角函数，根据激光的发射角度计算出被测物体的位置信息，从而达到______的作用。

2. ________________，顾名思义是数量庞大的点在空间中像云朵一样分布，严格定义下的点云是空间中点的数据集，可以表示三维形状或对象，通常通过激光雷达等三维扫描仪获取。

3. 点云数据经过各种算法处理以及可视化后，可以高度保真的呈现所感知的环境。观察点云呈现的环境感知结果，可以看到点云呈现的道路、树木、车道线等各种________________元素。

4. 激光雷达的探测结果为________________，________________是处理激光雷达点云数据的常见操作，即通过计算机算法将点云中距离相近或特征相似的点视为聚合在一起，识别为一个物体或相近物体。

5. ________________在实际行驶过程中，单纯依靠欧几里得聚类算法进行点云聚类受非道路元素，如路边树木、绿化带、电线杆等的影响很大，造成大量算力消耗。

6. 在聚类算法参数中，技术解决方案是将__________________、______________________感知进行融合，采用高精度电子地图彻底剔除不在可行驶区域上的点，节省聚类算力，同时排除很多非道路因素的干扰，提高了环境感知的准确性与可靠性。

二、选择题

1. 激光雷达在采集三维数据时，每一步的旋转都可在空间上采集（　　）个点的三维数据。

A. 16　　B. 24　　C. 36　　D. 64

2. 强度信息的获取是激光雷达接收元件采集到的（　　）强度，此强度信息与目标的表面材质、粗糙度、入射角方向，以及仪器的发射能量、激光波长有关。

A. 激光　　B. 去波　　C. 发射　　D. 回波

3. 激光雷达可以检测车辆前方车道上的障碍物，并标识出潜在的活体障碍物，同时也可以根据车辆目前行驶状态规划出行驶的车道，如果车辆出现偏离路线的情况，系统就会立即发出预警提醒驾驶员，该 ADAS 描述的应用场景是（　　）。

A. 车道偏离预警　　B. 自动紧急制动

C. 交通拥堵辅助　　D. 低速防碰撞功能

4. 城市的早晚高峰交通十分拥堵，驾驶员需要在堵车的过程中不断地启停车辆缓慢向前行驶，这种操作非常耗费精力。激光雷达能够在时速限制小于（　　）km/h 的路况下根据与前车的距离自动控制车速，驾驶员只需掌握好汽车转向盘，可以一定程度地消除频繁启停带来的烦恼，缓和的速度控制和可靠的行人保护功能使车辆驾驶既安全又安心。

A. 15　　B. 30　　C. 60　　D. 120

5.（　　）组数据包中前两字节为数据包的开头标识，接下来两字节为旋转角度值和连续 32 × 3 字节（2 字节的距离值 +1 字节的激光反射强度值）的距离信息，每个数据包开头所携带的旋转角度值是指当前数据包前 16 × 3 字节对应的角度值。

A. 4　　B. 8　　C. 12　　D. 16

三、判断题

1. 激光雷达采用 UDP 协议传输数据，每一帧的数据长度固定为 1 248 字节，分别为前 42 字节的前数据包标识、12 组数据包、4 字节时间戳和最后两字节雷达型号参数。（　　）

2. 点云中每个点的位置都由一组笛卡尔坐标（x, y, z）描述，同时还含有色彩（RGB）信息和物体反射面强度信息。（　　）

3. 现代交通路况非常复杂，简单依靠车技和经验无法避免所有的突发状况，如前车突然停止或小孩子突然冲出马路，根据反应速度人类无法及时停止车辆避免事故，即便是激光雷达也不能辅助驾驶员对车辆行驶前方所有静止和移动的物体进行实时监测。（　　）

4. 点云聚类操作的步骤主要为打开调试主机并查看点云数据、开启聚类功能并运用聚类算法、调整聚类参数。（　　）

5. 智能网联无人驾驶汽车可以利用激光点云信息与高精度电子地图进行匹配，达到对目标的高精度定位。（　　）

四、简答题

1. 通过激光雷达的“眼睛”功能，智能网联汽车能够根据扫描到的点云数据快速绘制三维立体全景地图，主要的应用场景包括哪些？

2. 在点云聚类一般的应用场景中，障碍物识别与分割是指什么？

3. 激光雷达点云聚类可以通过不同算法实现，算法各有优劣。比较常见的激光雷达聚类算法为欧几里得聚类算法，该算法采用一个基本的数据结构——KD Tree（k-维树），其本质上是一个每个节点都为 k 维点的二叉树。由于点云是三维的，因此激光雷达点云聚类使用三维树。简述聚类算法的基本概念，并画出简图加以说明。

任务八　激光雷达系统检修与维护

一、填空题

1. 激光雷达属于智能网联汽车上的精密部件，标准配置一般为＿＿＿＿＿＿＿和＿＿＿＿两部分，车辆其他系统通过＿＿＿＿与激光雷达主部件相连。

2. RSView 软件无法查看点云数据，主要的原因可能为计算机主机防火墙的作用，检查方法为关闭＿＿＿＿＿＿＿＿＿＿＿＿，检查＿＿＿＿＿＿＿＿。

3. ＿＿＿＿＿＿＿是激光雷达系统承担最基础工作的软件。通过该固件汽车计算机主机操作系统才能按照标准的设备驱动实现特定激光雷达的＿＿＿＿＿和＿＿＿。

4. 固件升级又称＿＿＿＿＿＿＿＿，是指把新的固件写入计算机中，代替原有固件的一项车载智能传感器运行维护的专门工作。

5. 激光雷达内部有大量＿＿＿＿＿＿＿＿＿＿＿＿＿，发射电路中有＿＿＿＿、＿＿＿＿＿＿、激光调制器等元器件；接收系统中有光电探测器，信息处理系统中有＿＿＿＿，扫描系统中有旋转电动机、＿＿＿＿、＿＿＿＿＿＿、窄带滤光片等元器件。

二、选择题

1. 在进行激光雷达系统检修时，一般需先明确激光雷达的故障现象。激光雷达常见的故障现象有很多，下列选项中，不属于激光雷达故障现象的是（　　）。

A. 接线盒 LED 灯不亮　　B. 激光雷达旋转部件不转动

C. 路侧单元信息获取失败　　D. 无法进入主机调试界面

2. 激光雷达正常工作时，雷达上部的旋转部件（　　）不停旋转，对周围进行扫描。

A. 90°　　B. 180°　　C. 270°　　D. 360°

3. 对比车辆主机厂家发布的激光雷达最新固件版本的版本号与目前车辆上激光雷

达固件的版本号。若两者相同，则不需要进行进一步操作。若发现当前车辆上的固件版本较低，则需要进行（ ）。

A. 固件更新操作　　B. 升级激光雷达

C. 重启系统主机　　D. 固件翻新保养

4. 激光雷达通常安装在（ ），接线盒一般在前仪表板内部或其他车内利于电子设备通风散热的位置。

A. 车辆顶部　　B. 风窗玻璃上　　C. 车身两侧　　D. 车辆保险杆上

5. 激光雷达线束装配绑扎后应平顺，线束两端长度应余量适当，一般为线束的总长加（ ）cm。

A. 5 ~ 10　　B. 10 ~ 20　　C. 20 ~ 40　　D. 40 ~ 80

三、判断题

1. 激光雷达系统会由于感光区域污损、机械部件异常磨损、产品质量缺陷、连接线路故障等产生故障，造成车辆相关环境感知功能受到影响或失效。（ ）

2. 激光雷达接线盒工作状态可以通过盒体上的 LED 灯进行查看，如果 LED 灯不亮，可以断定系统存在接线盒相关故障。（ ）

3. 当无法在激光雷达系统的主机上进入调试界面时，需要依次检查以太网连接、IP 地址设置、RSView 安装、防火墙状态灯情况，如果都没有发现问题，一般重新启动主机系统即可。（ ）

4. 激光雷达内部元器件由于振动、缺乏维护保养、制造缺陷等造成的损坏会影响激光雷达系统无法正常运行，所以激光雷达内部元器件故障一般需进行整体更换维修。（ ）

5. 对于激光雷达数据丢失故障，应先检查系统中的设置，如激光雷达的水平视角是否为 360°，即是否存在某个角度范围内雷达不工作的情况；再检查整个车辆网络通信系统是否存在设计缺陷，造成激光雷达向车辆传输数据存在阻塞或延迟；然后检查计算机主机选型是否存在算力不足的问题。（ ）

四、简答题

1. 简述激光雷达接线盒故障的检修方法。

2. 激光雷达旋转部件转动，但系统无法获取数据，简述该故障的检修方法。

3. 激光雷达固件需要升级的具体原因有哪些？

情境三
毫米波雷达装调与测试

任务九　毫米波雷达安装准备

一、填空题

1. ________________是发射 1 ~ 10 mm 波长电磁波的车用雷达，是智能网联汽车先进驾驶辅助系统的核心传感器，在智能驾驶方面主要用于采集车辆前方和侧向运动目标的______、______和__________。

2. 毫米波雷达可以按照________________、________________和________________进行分类。

3. 毫米波雷达按工作频段分类有__________GHz、__________GHz 和______________GHz 三种。

4. 中距离毫米波雷达的探测距离为 80 m、探测角度为水平 40°，主要可用于__________________________和____________________等。

5. ________________是毫米波雷达的方位角分辨率，一般指水平角分辨率，表征毫米波雷达在角度上区分邻近目标的能力，通常以最小可分辨的角度来度量。

二、选择题

1. 短距离毫米波雷达的最远探测距离为（　　）m 左右。

A. 60　　B. 80　　C. 100　　D. 250

2. 下列选项中，属于长距离毫米波雷达应用场景的是（　　）。

A. 自动泊车　　B. 变道辅助系统

C. 自适应巡航系统　　D. 侧向交通辅助系统

3. “带宽更大、分辨率更高、抗干扰能力更强，并且毫米波对行人的反射波识别能力较弱，加强了毫米波雷达对物体的识别能力。”这句话描述的毫米波雷达频段为(　　) GHz。

A. 24　　B. 65　　C. 77　　D. 79

4. 在对毫米波雷达外观进行检查时，下列选项中，属于正确检查步骤的是(　　)。

①查看毫米波雷达零部件壳体是否存在裂纹

②查看毫米波雷达零部件壳体是否存在污损

③电气接口针脚是否完好

④安装部位（如安装耳及安装孔）是否完好

A. ①　　B. ①②　　C. ①②③　　D. ①②③④

5. 目前，在智能网联汽车使用的环境感知雷达中，几乎可以做到全天候工作的是(　　)雷达。

A. 厘米波　　B. 毫米波　　C. 激光　　D. 超声波

三、判断题

1. 脉冲式毫米波雷达利用发射脉冲信号与接收脉冲信号之间的时间差来计算目标距离，但在测量距离低于 1 000 km 的汽车上应用时，时间间隔太短，技术上不易实现解算，另外硬件结构复杂、成本高，因此脉冲式毫米波雷达在汽车上实际应用很少。(　　)

2. 连续波雷达发射功率低、尺寸小、成本高、测量目标距离和速度的性能与周围环境的光照情况无关，需要额外的辅助光源提供照明。(　　)

3. 在电磁频谱中，毫米波的波长被视为短波长，其波长位于微波与远红外波交叠的波长范围内，所以毫米波具有微波和远红外波这两种波谱的优点。(　　)

4. 毫米波的大气衰减小，对烟雾和灰尘没有穿透性，所以毫米波雷达受天气的影响大。（　　）

5. 在雷达图像中，当两个目标及两个以上目标位于同一方位角的不同距离时，各目标被雷达区分出来的最小距离即是距离测量分辨率。（　　）

四、简答题

1. 简述 24 GHz 毫米波雷达与 77 GHz 毫米波雷达的不同点。

2. 简述毫米波雷达适应能力强的主要原因。

3. 简述毫米波雷达安装位置的确认步骤。

任务十　毫米波雷达装调与标定

一、填空题

1. 描述毫米波雷达天线波束的宽度时，主要使用________________和________________两个角度参数。

2. 毫米波雷达的安装高度是________________到雷达模块中心点的距离。

3. 因为对智能网联汽车造型和美观度有要求，以前向探测毫米波雷达为例，在实际应用中一般会将其安装在__________附近，隐藏在车辆保险杠________的后面。

4. 为了保证每一辆车的毫米波雷达安装后都满足安装精度要求，排除________________、________________、________________对于安装精度的影响，需要在毫米波雷达安装后进行调整。

5. 毫米波雷达标定又称____________________，是指检查与调整毫米波雷达安装偏差的工作。

6. 毫米波雷达标定的步骤可分为________________、____________________和____________________。

二、选择题

1. 不同毫米波雷达对参数的表示存在差异，一些毫米波雷达的参数表中采用“测角范围”，以正负角度的形式（如 ±45°）表示方位面角度，此时方位面角度为（　　）。

A. 45°　　B. 90°　　C. 180°　　D. 360°

2. 一般安装在车辆前部的毫米波雷达，它的探测方向主要是向车身（　　）探测。

A. 正前方　　B. 右侧　　C. 左侧　　D. 尾部

3. 毫米波雷达内置信号发射与接收天线，其最理想的状态是信号不受任何阻挡地到达被测目标，毫米波雷达的天线辐射锥前面的区域需要远离任何可能干扰雷达功能的材料，尤其是要远离（　　）。

A. Wi–Fi 等信号设备　　B. 木制、橡胶等绝缘物品

C. 避雷针、避雷塔　　D. 金属物体或外涂金属漆的物体

4. 毫米波雷达需通过电池供电或其他设备供电，其供电线路使用（　　）A 的导线。

A. 5　　B. 10　　C. 15　　D. 20

5. 下列选项中，不是毫米波雷达标定应用场景的是（　　）。

A. 新车装车时　　B. 毫米波雷达更换维修后

C. 车辆 ADAS 发出故障警告后　　D. 毫米波雷达车辆清洗前

三、判断题

1. 毫米波雷达的探测区域在几何上大致为弧面，由雷达探测中心点向雷达前方延伸，探测区域取决于毫米波雷达天线波束的宽度和最远探测距离。（　　）

2. 俯仰面角度参数决定毫米波雷达在高度方向的探测能力，一些功能较为简单的毫米波雷达的天线波束只在水平方向左右扫描，没有在垂直方向扫描，所以不具备识

别目标高度信息的能力。（　　）

3. 当毫米波雷达坐标与车辆坐标相对关系固定后，换算探测方位图中的被探测目标的“角度 – 距离”信息，也不能得到被测目标相对车辆的笛卡尔“x–y”坐标信息。（　　）

4. 保险杠外饰罩的厚度、材料、外形、与雷达的距离和角度、喷漆等都会对毫米波雷达性能造成影响，降低毫米波雷达探测灵敏度和覆盖范围。（　　）

5. 为了保证毫米波雷达免受电磁干扰，能够正常使用，接地线必须尽可能短一些。（　　）

6. 毫米波雷达标定前准备工作为将车辆停放在平整地面上；根据装调手册将车辆负载调整到位，有的车型要求在驾驶员位置上乘坐一人。（　　）

7. 水平方向标定在垂直方向标定后进行，可以颠倒作业顺序。（　　）

8. 对于水平方向标定，不同主机厂采用的方法存在差异，总体上有内部参照物标定法和外部参照物标定法两种。（　　）

四、简答题

1. 毫米波雷达的安装高度是多少？应该如何选择？

2. 简述影响毫米波雷达性能的主要原因。

3. 简述毫米波雷达部件的安装步骤。

4. 在实际毫米波雷达安装作业中，除了安装人员操作规范性外，还有哪些因素会影响安装精度？

任务十一　毫米波雷达部件与系统测试

一、填空题

1. 毫米波雷达主要由______________、______________、______________和______________组成。

2. ________________包括多种功能电路，如低噪声放大器、功率放大器、混

频器、上变频器、检波器、调制器、压控振荡器、移相器、开关、收发前端，以及整个接收 / 发射组件（收发系统）。

3. 电路中数据处理部分的作用是消除________________的信号（如杂波）和________________信号，处理经中频放大的混频信号，从信号频谱中提取目标距离、速度等信息。

4. 雷达天线及其芯片电路是毫米波雷达的硬件核心，其包括______________天线和______________天线，分别用于发射和接收毫米波。

5. 毫米波雷达部件测试主要分为部件准备、测试工具准备、设备连接、________________与________________、部件测试与参数设置 5 个步骤。

二、选择题

1. 雷达天线及其芯片电路的收发芯片通常使用一种特殊的半导体，它使用的材料是（　　）。

A. 硅锗双极晶体管　　B. 人工晶体

C. 陶瓷　　D. 煤炭

2. 雷达接收天线接收到射频信号后，将射频电信号转换为（　　）信号，再由信号处理器从信号中抽取距离、速度和角度等信息，形成完整的工作回路。

A. 低频　　B. 中频　　C. 高频　　D. 次频

3. 毫米波雷达的目标识别流程是通过分析回波特征信息，采用数学手段通过各种特征空间变换来抽取目标的特性参数，下列选项中，（　　）不是它采用的特性参数。

A. 大小　　B. 材质　　C. 形状　　D. 声音

4. 特征空间变换是利用正交变换方法，解除不同目标特征间的相关性，加强不同目标特征间的可分离性，最终剔除冗余特征，达到减少计算量的目的。下列选项中，不是特征空间变换方法的是（　　）变换。

A. 梅林　　B. 沃尔什

C. 比特　　　　　　　　　　D. 马氏距离线性

5. 毫米波雷达在工作状态时，发射机生成射频电信号，通过天线将电信号（电能）转化为（　　）发出。

A. 超声波　　　　　　　　　B. 机械波

C. 电磁波　　　　　　　　　D. 引力波

三、判断题

1. 毫米波雷达的印刷电路板与电路芯片属于微波集成电路，其采用平面技术，将元器件、传输线、互连线直接制作在砷化镓半导体基片上。（　　）

2. 毫米波雷达波长为几毫米，由于其天线尺寸和波长相当，所以毫米波雷达的天线可以很小，从而可以使用多根天线来构成阵列天线，达到宽波束的目的。随着收发天线个数的增多，这个波束可以很宽。（　　）

3. 为了验证毫米波雷达的探测功能，一般会同时连接一个超声波传感器，将超声波探测结果与毫米波探测结果进行对比。（　　）

4. 雷达调频器通过天线发射毫米波信号，发射信号遇到目标后，经目标的反射会产生回波信号，发射信号与回波信号相比形状不同。（　　）

5. 发射信号与反射信号间的频率差值直接取决于与目标之间的距离。距离越大，则发射信号接收的往返时间越短，并且发射频率与接收频率间的差值越小。（　　）

6. 多普勒效应所形成的频率变化称为多普勒频移（差拍频率），它与相对速度成正比，与振动的频率成反比。（　　）

7. 在毫米波雷达中，测量障碍物的角度仅通过一个接收天线收到的信号时延就能实现。（　　）

8. 障碍物角度的测量是通过多个接收天线收到的信号时延来实现的。多普勒测量方位角原理，振荡器 TX 为发射源，频率为 f_0，发射波遇到目标返回，回波频移为 f_b 并分别被两个接收天线 RX1、RX2 收到。（　　）

四、简答题

1. 以实际生活中的案例解释说明什么是多普勒效应。

2. 简述毫米波雷达的目标识别流程。

3. 简述毫米波雷达部件的测试方法。

任务十二　视觉传感器与毫米波雷达融合标定

一、填空题

1. 为了实现智能网联汽车多种________功能，在车辆上各个位置都装有不同数量和类型的智能传感器。

2. 智能网联汽车上安装的传感器包括________、________、________和________。

3. 不同的传感器对应不同的工况环境和感知目标，________主要用于识别前向中远距离障碍物（0 ~ 100 m），如路面车辆、行人和路障物等；________主要用于识别车身近距离障碍物（0.2 ~ 10 m），如泊车过程中的路沿、静止的前后车辆以及过往的行人等。

4. 随着汽车智能化和网联化的发展，________配备的先进传感器的数量将会逐渐增加。

5. 智能网联汽车传感器融合全称为________，是指车辆环境感知系统使用多个（种）传感器进行工作时，综合各传感器感知数据，利用计算机进行分析处理以实现最佳协同感知效果，消除单一传感器的局限性，提高系统容错性的过程及技术。

二、选择题

1. 下列传感器中，探测距离最远的是（　　）。

A. 超声波雷达　　B. 毫米波雷达

C. 激光雷达　　D. 视觉传感器

2. 在激光雷达与视觉传感器融合的技术方案中，激光雷达能通过三维立体空间建模降低对 AI 算法的要求，且在雨、雪天气时能发挥出精确的测距作用，在某一种传感

器出现故障时可以额外提供一定冗余度。该技术方案的主要问题是（ ）。

A. 激光雷达成本高，方案大规模商业化落地较难

B. 缺乏激光雷达生产技术

C. 激光雷达还未研究出来

D. 激光雷达为一次性产品

3. 下列车型中，安装有激光雷达的车型是（ ）。

A. 极狐阿尔法 S　B. 极氪 001　C. 威马 W6　D. 特斯拉 Model3

4. 传感器融合技术的优势主要体现在提高系统感知的准确性，最大程度发挥各个（种）传感器的优势。下列选项中，不属于传感器融合技术优势的是（ ）。

A. 提高系统的可靠性和健壮性

B. 增强环境适应能力

C. 弥补单一传感器对空间的分辨率低和环境的不确定性

D. 节省资源

5. 下列选项中，不是传感器融合标定方法的是（ ）。

A. 标定准备

B. 检测与设置摄像头内参矩阵

C. 启动毫米波雷达程序

D. 转换摄像头拍摄方向

三、判断题

1. 每种传感器各有优劣，使用单一传感器无法完成无人驾驶功能性与安全性的全面覆盖，如仅靠视觉传感器识别物体，在遭遇大雾、雨雪等恶劣天气时很容易影响其识别精度，因此应该根据各种传感器的特点，在不同感知需求的场景下选择不同的传感器。（ ）

2. 环境感知传感器在智能网联汽车上的配置与自动驾驶级别密切相关，传感器的数量随着自动驾驶级别的提高而减少。（ ）

3. 以视觉传感器为主的技术方案不使用成本较高的激光雷达，采用毫米波雷达及超声波雷达组成的辅助视觉传感器，用高级 AI 技术提升视觉传感器环境感知精度。（ ）

4. 以视觉传感器为主、毫米波雷达为辅的融合方案是将毫米波雷达返回的目标点投影到图像上，围绕该点并结合先验知识，生成一个矩形的感兴趣区域，然后只在该区域内进行目标检测。（ ）

5. 视觉传感器与毫米波雷达方案的优点是可以迅速地排除大量不会有目标的区域，能极大地提高识别速度。（ ）

四、简答题

1. 写出 5 个及以上智能网联汽车先进驾驶辅助系统（ADAS）的功能。

2. 简述环境感知传感器信息融合过程中需要解决的问题。

3. 为了解决环境感知传感器信息融合过程中的问题，对车载系统的要求主要有哪些？

4. 简述在视觉感知系统坐标系中，坐标转换的步骤。

情境四
超声波雷达装调与测试

任务十三　超声波雷达安装

一、填空题

1. 车用超声波雷达又称____________________或________________，是利用超声波进行近距离障碍物探测的车用环境感知传感器。

2. 智能网联汽车常用的超声波雷达根据用途和探测距离主要分为______________________和____________________两类。

3. 智能网联汽车超声波雷达系统一般由________________、________________、________________、________________、线束与插接头等组成。

4. 超声波雷达一般采用________________方式安装在车辆前后保险杠及车身其他位置。

5. 长距超声波雷达又称________________传感器。

二、选择题

1. 超声波传感器在探测距离和探测范围上根据实际用途不同有多种型号，下列选项中，属于超声波传感器特性的是（　　）。

A. 探测距离近　　B. 探测范围大

C. 功率消耗小　　D. 价格成本低

2. 下列选项中，不是超声波雷达主要参数的是（　　）。

A. 探测距离　　B. 探测范围

C. 工作频率　　D. 探测时间

3. 超声波雷达的最远探测距离为（　　）。

A. 55 cm　　B. 5.5 m　　C. 5.5 mm　　D. 0.5 m

4. 超声波雷达的最近探测距离为（　　）。

A. 15 cm　　B. 15 m　　C. 15 mm　　D. 150 cm

5. 超声波雷达部件检查的工作内容包括（　　）。

①零部件号与型号核对　　②性能参数确认　　③部件外观检查

A. ①　　B. ②　　C. ①②　　D. ①②③

三、判断题

1. 短距超声波雷达又称超声波泊车辅助传感器，探测距离一般为 15 ~ 250 cm，安装在车辆的前后保险杠处，用于探测车辆在驾驶员的操控下是否进入停车位或倒车时探测前后是否有障碍物。（　　）

2. 长距超声波雷达的探测距离一般为 15 ~ 550 cm，一般安装在车辆左右侧面各 2 个，用于在车辆自动驾驶泊车功能启动下完成对停车过程中侧方障碍物（如墙壁、临车灯、地下停车场立柱）的探测。（　　）

3. 超声波的传播速度仅为光波的百万分之一，其指向性强，能量消耗缓慢，因此可以直接测量很远距离的目标。（　　）

4. 超声波雷达作为探头安装在车身周围，探头表面外露，探头角度朝向探测方向。控制器用于控制脉冲调制电路产生一定频率的脉冲，运算处理接收电路送来的信号，换算出距离值后将数据与显示器通信或其他设备通信。（　　）

5. 超声波雷达安装位置离地高度一般为 80 ~ 100 cm，两个传感器的间距为 50 cm 左右。（　　）

四、简答题

1. 超声波雷达的主要参数为探测距离、探测范围和工作频率，简述这三个参数的含义。

2. 超声波雷达主要有哪些优点？

3. 超声波雷达主要有哪些缺点？

4. 超声波雷达有哪些安装准备工作？

任务十四　超声波雷达调试

一、填空题

1. ________________是利用超声波在超声场中的物理特性和各种效应，将超声能量定向传输，并按预期接收反射波，实现超声测距功能的车用传感器。

2. 超声波雷达主要由________________、________________和____________________构成。

3. ________________接收到被探测物体反射回来的超声波，产生机械振动，换能器可以将机械能转换为电能完成超声波接收。

4. 频率____________20 Hz 的声波称为次声波；频率____________20 kHz 的声波为超声波。

5. 超声波雷达调试工作主要包括____________________和____________________两部分的工作。

6. 超声波雷达探测功能不良的表现主要为雷达无法探测到目标、探测延迟或探测错误。引发雷达探测性能下降的原因可分为________________、________________和____________________三大类。

二、选择题

1. 下列选项中，不属于超声波雷达内部结构零部件的是（　　）。

A. 传感器专用膜　　B. 压电换能器

C. 自适应巡航控制器　　D. 专用集成电路

2. 频率为（　　）的声波称为可听波，即人耳能分辨的声波。

A. 10 Hz ~ 10 kHz　　B. 20 Hz ~ 20 kHz　　C. 30 Hz ~ 30 kHz　　D. 40 Hz ~ 40 kHz

3. 下列选项中，不属于超声波雷达应用的是（　　）。

A. 倒车辅助系统　　B. 泊车库位检测系统

C. 紧急制动系统　　D. 自动泊车系统

4. 超声波雷达在进行常规装调测试前以及为客户进行车辆运行维护时，主要工作是保持雷达清洁，保证雷达表面无（　　）等异物附着。

A. 冰雪　　B. 积水

C. 尘土　　D. 冰雪、积水、尘土

5. 超声波雷达通过 CAN 总线向主机发送探测数据。通常雷达在初始状态下默认数据不输出，当主机发送控制指令后，雷达输出探测数据。超声波雷达只接收 ID 为（　　）的数据，不接收其他 ID 的数据。

A. 0x601　　B. 0x501　　C. 0x401　　D. 0x301

三、判断题

1. 超声波雷达的发送部分由压电换能器作为超声波发生器，通过换能器中压电晶体的谐振工作。压电晶体由两个压电晶片和一个共振板组成。当压电晶体的两极外加脉冲信号，其频率等于压电晶片的固有振荡频率时，压电晶片将会发生共振，并带动共振板振动，便产生超声波。（　　）

2. 集成电路对产生的电信号进行缩小，专用集成电路判断接收到的是不是由本身

发射出去的超声波，并识别所接收超声波的强度。 ( )

3. 由于超声波指向性强，能量消耗缓慢，在介质中传播的距离较远，因而超声波经常用于距离的测量，如测距仪和物位测量仪等都可以通过超声波来实现。 ( )

4. 超声波检测往往比较迅速、方便，计算简单、易于做到实时控制，并且在测量精度方面能达到工业实用的要求，因此，其在智能网联汽车测距方面得到了广泛的应用。 ( )

5. 超声波雷达在进行常规装调测试前以及为客户进行车辆运行维护时，主要工作是保持雷达清洁，具体做法是进行目视检查，如果发现雷达表面需要清洁，应采用软布擦拭、低水压清洗这两种方式中的一种进行清洁。 ( )

四、简答题

1. 简述超声波雷达的工作原理。

2. 什么是倒车辅助系统？

3. 引发雷达探测性能下降的自身因素、环境因素和被探测目标因素分别有哪些？

4. 简述超声波雷达测试中，常见的装调故障及排故思路。

情境五
导航定位系统装调与测试

任务十五　导航定位系统安装

一、填空题

1. 导航定位系统是智能网联汽车实现高级别自动驾驶的前提和基础，为安全地实现车辆自动驾驶，系统的精度要求达到________级，同时对系统的可靠性和安全性也有很高的要求。

2. 目前，智能网联汽车采用________、________的方式实现导航功能要求。

3. 智能网联汽车导航定位技术综合采用________、________、________和________四种技术完成车辆的导航定位。

4. ________导航是通过车辆与交通道路两侧的信号装置，利用无线通信的方式交换信息，以多点定位的方式实现导航定位的。该技术多用于卫星信号不良的区域作为补充技术，一般归类于________。

5. 组合导航定位系统包含________和________两大部分。

6. 组合导航定位系统主要由________、________、车载计算平台、中控屏和导航软件系统等组成。

二、选择题

1. 普遍用于引导驾驶员行驶的导航定位系统精度为（　　）。

A. 厘米级到分米级　　B. 分米级到米级
C. 米级到十米级　　D. 十米级到百米级

2. 高精地图导航是指车辆通过摄像头的图像数据、（　　）数据等来查找高精地图地标，从而确定自身位姿的技术。

A. 画面　　B. 激光雷达收集的三维点云
C. 信息　　D. 通信

3. 全球卫星导航定位系统通过与车辆上的接收机、太空中距离地面（　　）km 左右的人造地球卫星进行双向通信来确定本车位置与姿态。

A. 5 000　　B. 15 000　　C. 25 000　　D. 35 000

4. 组合导航主机又称（　　），是利用卫星导航信息解算车辆定位信息，并可以使用惯性导航功能进行车辆自定位的专用设备。

A. 组合导航接收器　B. 卫星天线　　C. 车载计算平台　　D. 中控屏

5. 碟形外置天线具有蘑菇一样的外形，是目前自动驾驶汽车标配的一种测量天线，其具有防水和防紫外线外罩，一般安装在车辆（　　）。

A. 内部　　B. 底部　　C. 顶部　　D. 前部

三、判断题

1. 智能网联汽车导航定位系统是指专门用于为驾驶员、车辆 ADAS 或自动驾驶系统提供准确可靠的汽车位置和姿态（简称位姿）等定位信息，并在预先设置的地图上利用算法为车辆规划路线，引导驾驶员或车辆自动驾驶系统快速安全到达目的地的汽车智能系统。（　　）

2. 汽车很少采用组合导航方式，都是依靠单独的自主惯性导航与卫星导航的感知信息完成工作。（　　）

3. 自主惯性导航系统是一种不依赖外部信息，利用陀螺仪和加速度计等惯性敏感部件实现车辆位移、速度和姿态测量的系统。（　　）

4. 双外置天线较单天线的优点是可以有效提高航向角测量精度。（　　）

5. 车载陶瓷内置天线以陶瓷材料作为外壳，使用高温将整块陶瓷体一次烧结完成后，不需要把天线的金属部分印在陶瓷块的表面上。（　　）

四、简答题

1. 什么是卫星天线？

2. 简述内置天线的安装方法。

3. 简述组合导航主机的安装位置和具体安装步骤。

任务十六　导航定位系统调试与测试

一、填空题

1. DOP（dilution of precision）值的中文名称为________（又称精度衰减因子），是表示测量结果受人造卫星和主机之间的空间几何因素影响程度的参数。

2. __________是能在地球表面或近地空间的任何地点为用户提供全天候的三维坐标以及时间信息的空基无线电导航定位系统。

3. 一个完整的全球卫星导航系统由________、________和________三部分组成。

4. 在依托于地球轨道的卫星以外，为了保证卫星导航系统的定位精度和完好性，导航系统还包括________，通过若干建设在地面的基准站增强定位精度，扩大服务覆盖范围。

5. 卫星导航系统在工作过程中存在四个方面的误差来源，分别为____________、____________、与接收机（组合导航主机）有关的误差和地球转动所引起的误差。

6. 惯性导航系统主要由________、________和__________组成。

二、选择题

1. 目前，全球有四大卫星导航系统在运行，其中我国的北斗卫星导航系统又称（　　）。

A. BDS　　B. GPS

C. GLONASS　　D. GALILEO

2. 用户终端主要包括（　　），也就是安装在汽车上的内置或外置卫星天线和组合

导航主机。

A. 空间星座　　B. 天线和接收单元

C. 地面控制　　D. 用户终端

3. 传统陀螺仪主要由一个位于轴心且可以旋转的（　　）构成。

A. 旋子　　B. 定子　　C. 电子　　D. 转子

4. 惯性导航系统的工作原理是以（　　）力学为基础，实时测量物体的加速度和角加速度数值，然后通过一次积分运算获得物体的速度和角速度，通过两次积分运算获得汽车的位移信息。

A. 拉格朗日　　B. 哈密顿

C. 牛顿　　D. 量子

三、判断题

1. 智能网联汽车导航定位系统中，卫星导航定位技术是不可缺少的，其卫星导航功能依赖车辆与数十枚人造地球卫星共同组成的卫星定位系统之间的双向通信来实现。（　　）

2. 全球卫星导航系统定位的工作原理是以空间内的人造卫星作为参照点，以三球定位原理确定一个物体的空间位置，即只要测得太空中三颗卫星与物体之间的距离，就可精确得出物体的坐标点参数。（　　）

3. 网络动态实时定位可以达到厘米级的定位精度。因此，网络动态实时定位不适用于汽车自动驾驶。（　　）

4. 全球卫星导航系统与惯性导航系统两个子系统的优势互补，以提高导航系统的精度和冗余度，共同形成组合导航定位系统。（　　）

5. 智能网联汽车导航定位系统测试一般有输出数据乱码、设备不搜星、系统定位不定向和数据轨迹偏差过大等常见问题。（　　）

四、简答题

1. 简述卫星与主机的几何关系。

2. 简述常规动态实时定位的工作过程。

3. 什么是惯性导航系统？简述其工作原理。

4. 如何设置惯性导航系统？

综合试卷（一）

一、填空题（每空 1 分，共 40 分）

1. 车用视觉传感器根据用途不同可分为_______________、_______________、_______________和_______________四种类型。

2. 在先进的智能网联汽车中，前视摄像头主要具有_______________、_______________和基于视觉的导航定位三个功能。

3 视觉传感器有___________________________和___________________________两种类型。

4. 根据工作方式不同，智能网联汽车视觉传感器标定分为_______________和_______________两类。

5. 视觉传感器成像的基本理想模型是_________________。

6. 道路上不仅本车在行驶，周围的其他车辆、人行横道上的行人都属于_____________________。

7. _____________________是通过环视视觉传感器实现的一项汽车安全配置。

8. 摄像头与控制单元之间的线束采用抗干扰能力较强的__________或__________，确保视频信号传输的稳定性和准确性。

9. _______________是一种工作在光频波段的遥感传感器，它通过向目标发射光频波段的激光电磁波，根据接收到同波信号的反射时间与发射波发射时间的间隔获得目标的位置（距离、方位和高度）、运动状态（速度、姿态）等信息，以实现对目标的探测、跟踪和识别。

10. 激光雷达可根据______________、信号形式、激光线束数量、_______________和功能用途分为不同类型。

11. 激光雷达主要由激光发射器、激光接收器、_______________和_______________组成。

12. 激光的理论基础起源于物理学家_______________于 1917 年提出的“光与物

质相互作用”技术理论。

13. ________________利用光的反射原理，根据从发射激光至接收反射激光的时间间隔，计算出雷达与被测物体的实际间距，利用简单的三角函数，根据激光的发射角度计算出被测物体的位置信息，从而达到定位的作用。

14. 点云数据经过各种算法处理以及可视化后，可以高度保真的呈现所感知的环境。观察点云呈现的环境感知结果，可以看到点云呈现的道路、树木、车道线等各种________________元素。

15. 固件升级又称________________，是指把新的固件写入计算机中，代替原有固件的一项车载智能传感器运行维护的专门工作。

16. 激光雷达内部有大量______________________，发射电路中有激光器、光束控制器、激光调制器等元器件；接收系统中有光电探测器，信息处理系统中有放大器，扫描系统中有旋转电动机、扫描镜、准直镜头、窄带滤光片等元器件。

17. ________________是发射 1 ~ 10 mm 波长电磁波的车用雷达，是智能网联汽车先进驾驶辅助系统的核心传感器，在智能驾驶方面主要用于采集车辆前方和侧向运动目标的方位、距离和运动速度。

18. 毫米波雷达的安装高度是________________到雷达模块中心点的距离。

19. 毫米波雷达主要由________________、________________、________________和________________组成。

20. 智能网联汽车传感器融合全称为________________，是指车辆环境感知系统使用多个（种）传感器进行工作时，综合各传感器感知数据，利用计算机进行分析处理以实现最佳协同感知效果，消除单一传感器的局限性，提高系统容错性的过程及技术。

21. 长距超声波雷达又称________________传感器。

22. 频率________20 Hz 的声波称为次声波；频率________20 kHz 的声波为超声波。

23. 导航定位系统是智能网联汽车实现高级别自动驾驶的前提和基础，为安全地实现车辆自动驾驶，系统的精度要求达到________________级，同时对系统的可靠性和安全性也有很高的要求。

24. 组合导航定位系统主要由________________、________________、车载计算平台、中控屏和导航软件系统等组成。

25. ____________是能在地球表面或近地空间的任何地点为用户提供全天候的三维坐标以及时间信息的空基无线电导航定位系统。

26. ____________主要由惯性测量模块、信号预处理模块和机械力学编排模块组成。

二、选择题（每题1分，共20分）

1. 前视摄像头安装在前风窗玻璃后方，主要用于车辆前方的车外环境感知，通常在（　　）功能中运用。

①车道保持辅助　　②自动紧急制动　　③全景泊车

A. ①②　　B. ①③　　C. ②③　　D. ①②③

2. 视觉传感器在智能网联汽车上主要用于（　　）。

A. 车辆先进驾驶辅助系统（ADAS）及自动驾驶系统的车外环境感知

B. 驾驶员视野扩展

C. 座舱内驾驶员状态监测

D. 以上选项都对

3.（　　）传感器具有结构简单、噪声小、灵敏度高等优点。

A. CCD　　B. CMOS　　C. CKP　　D. CPS

4. 工业相机通常包含一个对传感器信号进行放大的视频放大器，其放大倍数被称为（　　）。

A. 增益　　B. 曝光　　C. 成像　　D. 帧率

5.（　　）主要是指将视觉感知到的二维信息通过计算外观尺寸、景深、距离等量化信息转化为三维信息的过程。

A. 探测　　B. 测量　　C. 测试　　D. 调试

6. 图像压缩技术可以（　　）描述图像的数据量，以节省图像传输、处理时间和减少所占用的存储器容量。

A. 增加　　B. 减少　　C. 增益　　D. 减弱

7. 为了满足全景影像摄像头拍摄的画面可拼接、有参考物、视野范围合理等技术要求，4 个鱼眼摄像头需要满足相应的布置要求，前摄像头的视野盲区布置要求为（　　）cm。

A. 小于 10　　B. 大于 10　　C. 小于 30　　D. 大于 30

8. 激光雷达通常安装在车辆顶部的中间，该位置最有利于激光无遮拦（　　）照射周围环境，这种应用方式的激光雷达数量一般为 1 ~ 2 个。

A. 360°　　B. 180°　　C. 90°　　D. 45°

9. 激光雷达的数据通过单位采样时间内，在同一空间参考系下表达目标空间分布和目标表面光谱特性的海量位置点集合形成（　　）来呈现。

A. 毫米波　　B. 厘米波　　C. 超声波　　D. 点云

10. 强度信息的获取是激光雷达接收元件采集到的（　　）强度，此强度信息与目标的表面材质、粗糙度、入射角方向，以及仪器的发射能量、激光波长有关。

A. 激光　　B. 去波　　C. 发射　　D. 回波

11. 在进行激光雷达系统检修时，一般需先明确激光雷达的故障现象。激光雷达常见的故障现象有很多，下列选项中，不属于激光雷达故障现象的是（　　）。

A. 接线盒 LED 灯不亮　　B. 激光雷达旋转部件不转动

C. 路侧单元信息获取失败　　D. 无法进入主机调试界面

12. 下列选项中，属于长距离毫米波雷达应用场景的是（　　）。

A. 自动泊车　　B. 变道辅助系统

C. 自适应巡航系统　　D. 侧向交通辅助系统

13. 毫米波雷达需通过电池供电或其他设备供电，其供电线路使用（　　）A 的导线。

A. 5　　B. 10　　C. 15　　D. 20

14. 特征空间变换是利用正交变换方法，解除不同目标特征间的相关性，加强不同目标特征间的可分离性，最终剔除冗余特征，达到减少计算量的目的。下列选项中，不是特征空间变换方法的是（　　）变换。

A. 梅林　　B. 沃尔什

C. 比特　　D. 马氏距离线性

15. 下列车型中，安装有激光雷达的车型是（　　）。

A. 极狐阿尔法 S　　B. 极氪 001　　C. 威马 W6　　D. 特斯拉 Model3

16. 下列选项中，不是超声波雷达主要参数的是（　　）。

A. 探测距离　　B. 探测范围　　C. 工作频率　　D. 探测时间

17. 超声波雷达通过 CAN 总线向主机发送探测数据。通常雷达在初始状态默认数据不输出，当主机发送控制指令后，雷达输出探测数据。超声波雷达只接收 ID 为（　　）的数据，不接收其他 ID 的数据。

A. 0x601　　B. 0x501　　C. 0x401　　D. 0x301

18. 碟形外置天线具有蘑菇一样的外形，是目前自动驾驶汽车标配的一种测量天线，其具有防水和防紫外线外罩，一般安装在车辆（　　）。

A. 内部　　B. 底部　　C. 顶部　　D. 前部

19. 目前，全球有四大卫星导航系统在运行，其中我国的北斗卫星导航系统又称（　　）。

A. BDS　　B. GPS　　C. GLONASS　　D. GALILEO

20. 传统陀螺仪主要由一个位于轴心且可以旋转的（　　）构成。

A. 旋子　　B. 定子　　C. 电子　　D. 转子

三、判断题（每题 1 分，共 15 分）

1. 前视摄像头可以感知车外的环境、扩展驾驶员的视野。（　　）

2. ADAS 通过多个传感器协同工作来感知环境，即需要通过传感器融合进行工作，因此不必将多个传感器测量结果转换到统一的时空坐标系中。（　　）

3. 图像分割就是把图像分成若干个特定的、具有独特性质的区域并提出感兴趣目标的技术和过程，它是图像处理和图像分析的唯一步骤。（　　）

4. 全景影像系统的标定用来计算摄像头安装的位置和姿态，以获取车身周围真实世界坐标系上的点与图像坐标系上的点的映射关系，通过此映射关系对图像进行拼接。（　　）

5. 机械式激光雷达由于光学部分、电子部分和机械结构都是旋转工作的，因此对机械结构件的加工精度要求很高，另外机械式激光雷达属于偏心不对称转动，会造成器件磨损。（ ）

6. 传感器在一定的探测条件下，用最大可探测距离来表示激光雷达可探测到物体的最远距离。激光接收器探测功率最大时，回波功率会出现在最小探测距离。（ ）

7. 现代交通路况非常复杂，简单依靠车技和经验无法避免所有的突发状况，如前车突然停止或小孩子突然冲出马路，根据反应速度人类无法及时停止车辆避免事故，即便是激光雷达也不能辅助驾驶员对车辆行驶前方所有静止和移动的物体进行实时监测。（ ）

8. 激光雷达内部元器件由于振动、缺乏维护保养、制造缺陷等造成的损坏会影响激光雷达系统无法正常运行，所以激光雷达内部元器件故障一般需进行整体更换维修。（ ）

9. 脉冲式毫米波雷达利用发射脉冲信号与接收脉冲信号之间的时间差来计算目标距离，但在测量距离低于 1 000 km 的汽车上应用时，时间间隔太短，技术上不易实现解算，另外硬件结构复杂、成本高，因此脉冲式毫米波雷达在汽车上实际应用很少。（ ）

10. 俯仰面角度参数决定毫米波雷达在高度方向的探测能力，一些功能较为简单的毫米波雷达的天线波束只在水平方向左右扫描，没有在垂直方向扫描，所以不具备识别目标高度信息的能力。（ ）

11. 毫米波雷达波长为几毫米，由于其天线尺寸和波长相当，所以毫米波雷达的天线可以很小，从而可以使用多根天线来构成阵列天线，达到宽波束的目的。随着收发天线个数的增多，这个波束可以很宽。（ ）

12. 每种传感器各有优劣，使用单一传感器无法完成无人驾驶功能性与安全性的全面覆盖，如仅靠视觉传感器识别物体，在遭遇大雾、雨雪等恶劣天气时很容易影响其识别精度，因此应该根据各种传感器的特点，在不同感知需求的场景下选择不同的传感器。（ ）

13. 长距超声波雷达的探测距离一般为 15 ~ 550 cm，一般安装在车辆左右侧面各 2 个，用于在车辆自动驾驶泊车功能启动下完成对停车过程中侧方障碍物（如墙壁、临

车灯、地下停车场立柱）的探测。（ ）

14. 集成电路对产生的电信号进行缩小，专用集成电路判断接收到的是不是由本身发射出去的超声波，并识别所接收超声波的强度。（ ）

15. 全球卫星导航系统定位的工作原理是以空间内的人造卫星作为参照点，以三球定位原理确定一个物体的空间位置，即只要测得太空中三颗卫星与物体之间的距离，就可精确得出物体之间的坐标点参数。（ ）

四、简答题（每题 5 分，共 25 分）

1. 简述全景影像系统的定义。

2. 简述智能网联汽车中前视摄像头的功能。

3. 超声波雷达主要有哪些优点？

4. 简述传感器需要进行标定的原因。

5. 简述毫米波雷达部件的安装步骤。

综合试卷（二）

一、填空题（每空1分，共40分）

1. 用于车辆夜间行车安全的夜视摄像头采用________技术，可以在夜间清晰地识别车辆周围的物体。

2. 前视摄像头根据镜头数量可分为______、______和三目摄像头三种。

3. 视觉传感器由________、________、________和________等部分组成。

4. 视觉传感器主要用于感知__________、__________、__________和__________四类信息。

5. 图像采集主要通过______采集图像。

6. 全景影像图像控制单元需要与________及______进行信号传输。

7. 在智能网联汽车上，多线激光雷达可以和其他传感器融合进行三维重建，对被测物体进行识别判断，完成无人驾驶中的________。

8. 旋转模块由角度调节电动机、旋转电动机、光学旋转编码器等组成。旋转模块可以使激光雷达以稳定的转速进行旋转，并可根据需要调节扫描镜角度，实现________对激光光束所在平面的扫描。

9. 在组成物质的原子中，有不同数量的粒子（电子）分布在不同的能级上，在高能级上的粒子受到某种光子的激发，会从高能级跳（跃迁）到低能级上，这时将会辐射出与激发它的光相同性质的光，而且在某种状态下，能出现一个弱光激发出一个强光的现象，叫作“受激辐射的光放大”，简称________。

10. ________在实际行驶过程中，单纯依靠欧几里得聚类算法进行点云聚类受非道路元素，如路边树木、绿化带、电线杆等的影响很大，造成大量算力消耗。

11. 在聚类算法参数中，技术解决方案是将__________、________

__________感知进行融合，采用高精度电子地图彻底剔除不在可行驶区域上的点，节省聚类算力，同时排除很多非道路因素的干扰，提高了环境感知的准确性与可靠性。

12. ____________是属于车载计算平台环境感知系统的一种硬件。激光雷达固件是激光雷达系统承担最基础工作的软件。通过该固件汽车计算机主机操作系统才能按照标准的设备驱动实现特定激光雷达的运行动作和通信。

13. 毫米波雷达按工作频段分类有____________GHz、____________GHz 和____________GHz 三种。

14. 因为对智能网联汽车造型和美观度有要求，以前向探测毫米波雷达为例，在实际应用中一般会将____________安装在车辆保险杠附近，隐藏在车辆保险杠外饰罩的后面。

15. 雷达天线及其芯片电路是毫米波雷达的硬件核心，其包括__________天线和__________天线，分别用于发射和接收毫米波。

16. 为了实现智能网联汽车多种____________功能，在车辆上各个位置都装有不同数量和类型的智能传感器。

17. 智能网联汽车常用的超声波雷达根据用途和探测距离主要分为____________和____________两类。

18. 智能网联汽车超声波雷达系统一般由____________、____________、____________、____________、线束与插接头等组成。

19. ____________是利用超声波在超声场中的物理特性和各种效应，将超声能量定向传输，并按预期接收反射波，实现超声测距功能的车用传感器。

20. 超声波雷达调试工作主要包括____________和____________两部分的工作。

21. 组合导航定位系统包含____________和____________两大部分。

22. 在依托于地球轨道的卫星以外，为了保证卫星导航系统的定位精度和完好性，导航系统还包括____________，通过若干建设在地面的基准站增强定位精度，扩大服务覆盖范围。

二、选择题（每题 1 分，共 20 分）

1. 在具有全景泊车功能的车辆中，采用（　　）视觉传感器获取影像和图像，输出车辆周边全景图，并实现安全泊车。

A. 前视摄像头　　B. 环视摄像头　　C. 后视摄像头　　D. 以上选项都对

2. 在具有疲劳驾驶监测功能的车辆中，（　　）用于监测驾驶员是否疲劳、闭眼等信息，对驾驶员注意力分散或打盹行为进行提醒。

A. 车内摄像头　　B. 前视摄像头　　C. 环视摄像头　　D. 后视摄像头

3.（　　）决定了数字影像的分辨率和信息量。

A. 传感器类型　　B. 帧率　　C. 光学尺寸　　D. 像元尺寸

4. 视觉传感器采集的原始图像是彩色图像，即有（　　）的图像，直接对采集到的图像进行处理时需要对每个像素点的三种颜色分量信息进行处理，因此需要处理的数据量很大。

①红色　②黄色　③蓝色　④橙色　⑤紫色　⑥绿色

A. ①③⑥　　B. ②④⑤　　C. ③⑤⑥　　D. ④⑤⑥

5.（　　）不属于全景影像系统，全景影像图像控制单元可以将矫正、拼接好的图像传输至中控屏，以辅助驾驶员安全驾驶。

A. 中控屏　　B. 前摄像头　　C. 后摄像头　　D. 左、右摄像头

6. 为了尽量（　　）视频信号传输过程中的干扰，需要尽可能地（　　）全景影像图像控制单元与中控屏之间的线束，所以一般将全景影像图像控制单元布置在仪表板内且易散热的位置。

A. 减少　减短　　B. 增加　增长

C. 减少　增长　　D. 增加　减短

7. 智能网联汽车常用的激光雷达主要为（　　）式激光雷达，MEMS 激光雷达也有部分配装车辆。

A. 单线机械　　B. 多线机械

C. 单线液压　　D. 多线液压

8. 为获得尽量详细的点云图，激光雷达必须要快速地采集周围环境的数据。多线束激光雷达一般有 16 线激光雷达、32 线激光雷达和（　　）线激光雷达等。

A. 64　　B. 128　　C. 256　　D. 512

9. 在激光雷达的功率衰减方程公式中，P_R 代表的含义是（　　）。

A. 接收激光功率　　B. 反射激光功率

C. 发射天线增益　　D. 目标散射截面

10. 激光雷达在采集三维数据时，每一步的旋转都可在空间上采集（　　）个点的三维数据。

A. 16　　B. 24　　C. 36　　D. 64

11. 激光雷达可以检测车辆前方车道上的障碍物，并标识出潜在的活体障碍物，同时也可以根据车辆目前行驶状态规划出行驶的车道，如果车辆出现偏离路线的情况，系统就会立即发出预警提醒驾驶员，该 ADAS 描述的应用场景是（　　）。

A. 车道偏离预警　　B. 自动紧急制动

C. 交通拥堵辅助　　D. 低速防碰撞功能

12. 城市的早晚高峰交通十分拥堵，驾驶员需要在堵车的过程中不断地启停车辆缓慢向前行驶，这种操作非常耗费精力。激光雷达能够在时速限制小于（　　）km/h 的路况下根据与前车的距离自动控制车速，驾驶员只需掌握好汽车转向盘，可以一定程度地消除频繁启停带来的烦恼，缓和的速度控制和可靠的行人保护功能使车辆驾驶既安全又安心。

A. 15　　B. 30　　C. 60　　D. 120

13. 激光雷达正常工作时，雷达上部的旋转部件（　　）不停旋转，对周围进行扫描。

A. 90°　　B. 180°　　C. 270°　　D. 360°

14. “带宽更大、分辨率更高、抗干扰能力更强，并且毫米波对行人的反射波识别能力较弱，加强了毫米波雷达对物体的识别能力。”这句话描述的毫米波雷达频段为（　　）GHz。

A. 24　　B. 65　　C. 77　　D. 79

15. 一般安装在车辆前部的毫米波雷达，它的探测方向主要是（　　）。

A. 向车身正前方探测　　B. 向车身右侧探测

C. 向车身左侧探测　　D. 向车身尾部探测

16. 毫米波雷达的目标识别流程是通过分析回波特征信息，采用数学手段通过各种特征空间变换来抽取目标的特性参数，下列选项中，(　　) 不是它采用的特性参数。

A. 大小　　B. 材质　　C. 形状　　D. 声音

17. 在激光雷达与视觉传感器融合的技术方案中，激光雷达能通过三维立体空间建模降低对 AI 算法的要求，且在雨、雪天气时能发挥出精确的测距作用，在某一种传感器出现故障时可以额外提供一定冗余度。该技术方案的主要问题是 (　　)。

A. 激光雷达成本高，方案大规模商业化落地较难

B. 缺乏激光雷达生产技术

C. 激光雷达还未研究出来

D. 激光雷达为一次性产品

18. 超声波雷达的最近探测距离为 (　　)。

A. 15 cm　　B. 15 m　　C. 15 mm　　D. 150 cm

19. 下列选项中，不属于超声波雷达内部结构零部件的是 (　　)。

A. 传感器专用膜　　B. 压电换能器

C. 自适应巡航控制器　　D. 专用集成电路

20. 普遍用于引导驾驶员行驶的导航定位系统精度为 (　　)。

A. 厘米级到分米级　　B. 分米级到米级

C. 米级到十米级　　D. 十米级到百米级

三、判断题 (每题 1 分，共 15 分)

1. 前视摄像头是车辆前向行驶中利用视觉探测的方式感知车辆前方物体和道路环境的车用视觉传感器。(　　)

2. 图像信号处理器在进行图像处理时，不可以水平、垂直翻转图像和更改成像颜色。(　　)

3. 在自动驾驶技术相对不够成熟的阶段，智能网联汽车会错误地仅根据颜色和形状，将高速公路上随风飘动的白色塑料袋识别为前方白色货箱的卡车尾部，导致系统迅速控制车辆进行完全没有必要且非常危险的紧急制动。（ ）

4. 路面边缘规定了机动车可以行驶区域的界限，是车辆必须严格遵守的行驶边界，与车辆自动驾驶系统最高级别的安全优先级密切相关，允许车辆驶跨过路面边缘驶出行驶区域。（ ）

5. 驾驶员通过中控屏画面轻松观察到车辆所处位置以及车辆周围的情况，从容操控车辆泊车入位、避开障碍物、通过复杂路面，不再发生剐蹭、碰撞、陷落等事故。（ ）

6. 单线机械式激光雷达的激光发射器呈竖直排列，从不同角度向外发射，实现垂直角度的覆盖，同时在高速旋转的电动机壳体带动下，实现水平角度 360° 的全覆盖。（ ）

7. 激光接收器用于收集激光发射器所发射并经过外部交通参与物反射回来的激光。激光通过激光接收镜头组汇聚在扫描镜上，经过反射将激光汇聚到信号采集处理器中。（ ）

8. 智能网联无人驾驶汽车可以利用激光点云信息与高精度电子地图进行匹配，达到对目标的高精度定位。（ ）

9. 当无法在激光雷达系统的主机上进入调试界面时，需要依次检查以太网连接、IP 地址设置、RSView 安装、防火墙状态灯情况，如果都没有发现问题，一般重新启动主机系统即可。（ ）

10. 毫米波的大气衰减小，对烟雾和灰尘没有穿透性，所以毫米波雷达受天气的影响大。（ ）

11. 当毫米波雷达坐标与车辆坐标相对关系固定后，换算探测方位图中的被探测目标的“角度－距离”信息，也不能得到被测目标相对车辆的笛卡尔“x–y”坐标信息。（ ）

12. 发射信号与反射信号间的频率差值直接取决于与目标之间的距离。距离越大，则发射信号接收的往返时间越短，并且发射频率与接收频率间的差值越小。（ ）

13. 以视觉传感器为主的技术方案不使用成本较高的激光雷达，采用毫米波雷达

及超声波雷达组成的辅助视觉传感器，用高级 AI 技术提升视觉传感器环境感知精度。（　　）

14. 超声波雷达在进行常规装调测试前以及为客户进行车辆运行维护时，主要工作是保持雷达清洁，具体做法是进行目视检查，如果发现雷达表面需要清洁，应采用软布擦拭、低水压清洗这两种方式中的一种进行清洁。（　　）

15. 车载陶瓷内置天线以陶瓷材料作为外壳，使用高温将整块陶瓷体一次烧结完成后，不需要把天线的金属部分印在陶瓷块的表面上。（　　）

四、简答题（每题 5 分，共 25 分）

1. 什么是卫星天线？

2. 简述视觉环境感知的目标对象。

3. 简述激光雷达接线盒故障的检修方法。

4. 通过激光雷达的“眼睛”功能，智能网联汽车能够根据扫描到的点云数据快速绘制三维立体全景地图，主要的应用场景包括哪些？

5. 激光雷达的理想点云模型包括目标模型、光锥模型和环境模型，为了形成三维立体的激光画面，将激光雷达目标模型的求解分为 4 个步骤。简述这 4 个步骤，分别解释说明。